TREVOR HUDSON

Pausas *para el* Adviento

Palabras de regocijo

Pausas para el Adviento: Palabras de regocijo

Traducido por Magda Velander.

Sitio web de Upper Room Books®: books.upperroom. org

Diseño de la portada, ilustración y diseño de interiores: Faceout Studio
Imagen de portada: Shutterstock

Print ISBN: 978-0-8358-1870-4
Mobi ISBN: 978-0-8358-1871-1
Epub ISBN: 978-0-8358-1872-8

Índice

Cuarta semana de Adviento

INTRODUCCIÓN

Después de casi cuarenta años en el ministerio pastoral, he observado algunas aspectos acerca de cómo las personas experimentan la Navidad. Por un lado, anhelan celebrar el misterio de la temporada de una manera que sea útil, significativa e incluso transformativa. Por otro lado, llegan al día de Navidad con el sentimiento de que no están preparadas ni listas: Ir de compras, finalizar los planes de vacaciones para visitar a amigos y familiares y decorar sus hogares consumen y llenan de ansiedad los días previos a la Navidad. Para el día de Navidad no han observado el Adviento de la manera en que lo anhelaban. En consecuencia, su celebración del Niño Jesús en el día de Navidad carece de la sensación de asombro.

En este pequeño libro, quiero responder al anhelo generalizado de una experiencia más maravillosa de la Navidad. El calendario cristiano está formado por diferentes estaciones. Estas temporadas son «regalos de tiempo» que la iglesia nos da para participar más profundamente en lo que Dios ha hecho y continúa haciendo en el mundo. Con el inicio de la temporada de Adviento (el comienzo del año cristiano), recibimos la oportunidad de entrar en el misterio del nacimiento de Jesús. La Cuaresma, una temporada que consta de cuarenta días, nos prepara para participar en la muerte y la resurrección de Jesús. La ascensión nos recuerda que la presencia de Cristo llena el universo, mientras que el Pentecostés nos invita a abrir nuestras vidas a la presencia del Espíritu Santo. Cada temporada representa una parte vital de la historia de Dios. Cada una debe ser observada cuidadosamente, deliberadamente e intencionalmente. Cuando no lo hacemos, nuestro viaje espiritual se empobrece, se desequilibra y se transforma en unidimensional.

Entonces, ¿cómo podemos llenar la temporada de Adviento con más regocijo? Tom Wright, el distinguido erudito del Nuevo Testamento, señala que si eliminamos de la Biblia el Adviento; la época en que atentamente esperamos el nacimiento de Jesús, perdemos la mitad del Antiguo Testamento y la mayoría del Nuevo, incluidas las historias de los antepasados de Jesús, las palabras de los profetas y el misterio de la Encarnación. Sin duda, si no observamos el Adviento con atención, no llegaremos a la Navidad listos para el Niño Jesús. Llegaremos a ese día especial sin estar seguros de que se trata el alboroto de esta época. Pero si adoptamos este tiempo especial de Adviento, para anticipar el misterio de la Encarnación, encontraremos nuestra celebración de la venida de Jesús a Belén llena de asombro y admiración.

¿De qué se trata el Adviento? Construido alrededor de los cuatro domingos previos al día de Navidad, el Adviento nos da tiempo para nuestra preparación. Buscamos prepararnos para la llegada de Jesús, que ha venido en el pasado, que viene continuamente en el presente y que vendrá en el futuro. Durante el Adviento, oramos con nuestro corazón y nuestra mente: «Ven, nuestro Señor Jesús, ven». Junto con esta oración de profundo anhelo y consideración, esperamos y observamos, recordamos y nos arrepentimos, creemos y contemplamos. Y sobre todo, buscamos permanecer despiertos y tomar conciencia. Jesús a menudo entra a nuestras vidas de maneras silenciosas, ocultas e inesperadas.

¿Cómo podemos tomar el Adviento más en serio? Tengo algunas sugerencias: Primero, hagamos una breve pausa cada día durante las cuatro semanas de Adviento. Cuando una querida amiga escuchó que yo escribía sobre pausas para el Adviento, me envió estas sabias palabras del escritor y consejero de autoayuda Hugh Prather: «La vida se vive en las pausas, no en los eventos». Entonces, ¿cómo podemos ser intencionales al hacer una pausa cada día de Adviento? Podemos seleccionar un período de tiempo de entre cinco y diez minutos para estar a solas y sin interrupciones. Podemos establecer este tiempo al crear un recordatorio en nuestro teléfono celular o calendario, decidir dónde podemos ir y comprometernos a ser fieles a este momento durante el Adviento.

En segundo lugar, podemos leer la reflexión breve de cada día, que incluye una meditación temática basada en una palabra bíblica y un pasaje de las Escrituras. Leer estas reflexiones no debe tomar más de unos pocos minutos. Estas palabras iluminarán los diferentes temas de la preparación al Adviento: esperar, mirar, recordar, arrepentirse, creer y contemplar. Podemos llevar cada palabra con nosotros durante el resto del día y permitir que se filtre en nuestro corazón y nuestra mente. ¿Qué nos quiere decir Dios a través de la palabra? ¿Cómo podemos interactuar con esta palabra dados los eventos y encuentros de nuestra propia vida?

Para los domingos de Adviento ofrezco meditaciones más largas, centrándome en las personas que fueron testigos del nacimiento de Jesús y que vinieron a celebrar al Mesías. Nos encontramos con estas personas cada año, lo que significa que sus historias a veces se vuelven obsoletas y redundantes en nuestras mentes. Muchas veces pensamos: ¡Ah! he escuchado esto antes. En lugar de relacionar sus historias a nuestra propia vida, dejamos que estos hombres y mujeres sigan siendo meramente personajes en una tierra un tanto extraña y lejana. Personajes de una historia que hemos escuchado muchas veces. Durante este Adviento, preguntémonos qué podemos aprender de sus actitudes y acciones para incorporar en nuestra propia vida, abriéndonos a una experiencia más profunda del misterio navideño.

En tercer lugar, ofrezco una práctica diaria simple para cada día. Los pensamientos aislados rara vez nos transforman; también debemos actuar con intención. Esta manera de pensar me llevó a sugerir una acción particular que encarna la palabra que estamos contemplando. La práctica diaria puede ser una disciplina que nunca antes realizamos, ni tampoco es parte de nuestra rutina diaria. Sin embargo, espero que la abordemos de forma conciente e intencional. A través de la reflexión y después de la acción, nos convertimos en «contemplativos en acción».

Finalmente, este viaje de Adviento se puede hacer con un amigo o una amiga, o con un grupo pequeño de compañeros peregrinos. Quienes lean este libro con un grupo podrán reunirse una vez a la semana para discutir y compartir sus experiencias de las palabras y prácticas. Esta reunión grupal no es un momento para enseñar, predicar, arreglar o aconsejar. Por el contrario, animo a los participantes a simplemente compartir y escuchar. Encontrar palabras para describir nuestras experiencias y escuchar las experiencias de los demás nos hace crecer en nuestro discipulado. Creamos nuestras propias historias personales de fe al compartir con otros lo que Dios hace en nuestras vidas y al aprender lo que Dios puede hacer en las vidas de los que nos rodean.

Entonces, queridos lectores y queridas lectoras, podemos experimentar una temporada de bendición durante Adviento y Navidad. Espero que estas palabras y prácticas profundicen nuestra experiencia del Niño Jesús, para que él nazca de nuevo en nosotros. Permitamos que Jesús entre en nuestro corazón, en nuestra mente y alma y así pueda ser visible para los demás a través de lo que somos, lo que decimos y lo que hacemos. Cuando esto sucede, ¡nos hemos preparado verdaderamente para las maravillas de la Navidad!

PREPARARSE

Leer Isaías 40:1-8

Es la voz de alguien que clama:
«¡Abran camino a través del desierto para el Señor!».
Isaías 40:3

El Adviento se trata de prepararnos para la llegada del Mesías, quien ya ha venido en el pasado, continuamente viene a nosotros aquí y ahora y vendrá de nuevo en el futuro. La pregunta que nos hacemos hoy es: ¿Cómo nos preparamos para que él pueda entrar en nuestras vidas, en nuestras relaciones y en el mundo fracturado y roto en el que vivimos?

En Isaías 40, encontramos tres consejos de preparación. Primero, nos preparamos al limpiar un camino recto a través del desierto. El desierto es un lugar solitario. Actualmente estamos rodeados por muchas personas que viven en soledad. A menudo, la temporada de Navidad acentúa esa soledad. Conectarse con una persona solitaria puede abrir un camino para que Jesús toque su vida. O bien, cuando nos sentimos solos, podemos arriesgarnos a conectarnos con alguien que nos ayude a encontrar a Jesús de nuevo.

Segundo, prepararnos por medio de nivelar las montañas y los valles. Las montañas y los valles simbolizan las barreras que nos hacen sentir como si estuviéramos separados de Jesús. Por ejemplo, estas barreras pueden ser el hambre, la pobreza, el desempleo o problemas de salud mental. Comprometernos con estos obstáculos para ayudar a otras personas, puede preparar el camino para que Jesús llegue a los necesitados.

Tercero, nos preparamos para recordar que somos como el pasto. El pasto simboliza nuestra fragilidad, vulnerabilidad y debilidad. Pasamos la mayor parte de nuestras vidas huyendo de esta realidad y con frecuencia omitimos la gracia, la misericordia y la firmeza de Jesús, que representan la fortaleza en nuestra debilidad. Enfrentar la realidad de nuestra fragilidad abre posibilidades para encontrar al Cristo viviente.

El Adviento nos presenta el desafío de la preparación. ¿Estamos lo suficientemente interesados en Jesús, quien hace que nuestros caminos vayan directo a través del desierto, nivela las montañas y los valles de nuestras vidas, y nos recuerda que su Palabra permanecerá para siempre?

Práctica diaria

Haga una llamada telefónica a alguien que se sienta solo o sola, o en una situación difícil. Hágale saber que está en sus pensamientos. Pregunte cómo puede servirle y coloque a esta persona hoy en su corazón con sus oraciones.

ABRIRSE

Leer Apocalipsis 3:15-22

«¡Mira! Ya estoy a la puerta, y llamo. Si alguno oye mi voz y abre la puerta, yo entraré en su casa, y cenaré con él, y él cenará conmigo».
Apocalipsis 3:20

En la famosa pintura de William Holman Hunt llamada «La luz del mundo», se representa la escena del Apocalipsis donde Jesús está de pie con una lámpara en la mano, llamando a una puerta cerrada que no tiene manija en el exterior. La puerta debe abrirse desde el interior. El Adviento es un tiempo para que abramos la puerta de nuestra vida a Jesús. Él no va a abrirse camino a la fuerza. Quiere tener una amistad genuina con nosotros, no una relación forzada. Tenemos pocas posibilidades de que Jesús viva libremente en nosotros y que vivamos en él sin esta libertad. Dios asumió el inmenso riesgo de crear seres humanos con libre albedrío para que puedan decidir sobre el amor divino que se les ofrece. Somos libres de abrir la puerta de nuestro corazón o de mantenerla cerrada.

A veces queremos mantener cerrada la puerta de nuestro corazón debido al desorden que hay dentro. Pocas cosas mantienen la puerta de nuestro corazón cerrada con más fuerza que la culpa y la vergüenza. Cuando cometemos un error, a menudo nos aislamos de Dios, de la vida y de los demás. Nos castigamos a nosotros mismos, creyendo que somos malos y que Dios no quiere tener nada que ver con nosotros. Sin embargo, esto no impide que Jesús llame a nuestra puerta con el deseo de entrar y estar con nosotros.

Incluso después de haber abierto la puerta de nuestro corazón a Jesús, aún podemos sentirnos tentados de mantener algunas habitaciones interiores cerradas. Mantenemos las otras puertas cerradas porque tenemos miedo de enfrentar la oscuridad o el caos que guardamos allí. Nuestra invitación de Adviento hoy podría ser abrir la puerta de entrada de nuestro corazón a Jesús o abrir las puertas de otras habitaciones y entrar con Jesús a nuestro lado. De esta manera, permitimos que la luz y la alegría de la Navidad llenen los lugares oscuros y ocultos de nuestras vidas.

Práctica diaria

Ejercite su imaginación hoy. Imagínese sentado o sentada a solas en su habitación favorita con la puerta cerrada. Imagine que escucha a alguien golpeando a la puerta, que usted abre, e imagine a Jesús de pie en la entrada. ¿Qué le dice Jesús a usted? ¿Qué le dice usted a Jesús?

ALERTA

Leer Lucas 21:34-36

«Pero tengan cuidado de que su corazón
no se recargue de glotonería
y embriaguez, ni de las preocupaciones de
esta vida, para que aquel día
no les sobrevenga de repente».
Lucas 21:34

El desafío de Adviento es claro: ¿Cómo nos preparamos para la venida del Señor? En el Evangelio de Lucas, encontramos estas palabras: «Estar vigilantes». En el versículo anterior, Jesús se refiere a aquellas acciones que entorpecen nuestra sensibilidad a la presencia divina en nuestras vidas. Estos obstáculos van desde la ansiedad embriagante por lo que tenemos y no tenemos. Ciertamente, estos no son los únicos hábitos que quebrantan nuestra conciencia de la venida del Señor, pero Jesús nota estos problemas en la gente de su tiempo, y sus palabras también son relevantes para nosotros hoy en día.

La temporada de Navidad a menudo se convierte en un momento en el que las fiestas y el exceso de bebidas están a la orden del día. Muchas compañías planean una fiesta de Navidad para sus empleados. Queremos compartir estos momentos festivos, divertirnos con nuestros colegas y relajarnos con aquellos con quienes trabajamos. Sin embargo, la tentación de beber en exceso es demasiado real. La mente intoxicada se vuelve trágicamente borrosa para el misterio del hijo venidero de Cristo y nos impide ver plenamente su maravilla y gloria. Estar en guardia nos impide caer en esta trampa mientras pasamos un buen rato.

Otra intoxicación que no nos deja ver a Jesús en medio de nosotros es nuestro consumismo. Tristemente, la temporada de Adviento nos ve a muchos de nosotros sucumbir ante lo que Walter Burghardt, SJ, simplemente llama el «bicho del consumismo».

Vemos algo; nos gusta; lo compramos. Cuando ya no nos gusta, lo desechamos y lo compramos nuevamente, esta vez quizás por un precio más costoso. Sobre consumimos en un mundo donde otros no tienen suficiente. Pocos de nosotros podemos declarar que no caemos en esta tendencia. Ser un consumidor puede consumirnos. Estar en guardia significa que permanecemos vigilantes cada vez que ingresamos a un centro comercial y caminamos por sus corredores.

Hoy nos hemos enfocado en dos posibles intrusos que pueden difuminar nuestro reconocimiento de la venida del Señor, pero hay muchos otros. Afortunadamente, podemos buscar en las Escrituras una forma de mantener nuestra visión clara y estar en guardia.

Práctica diaria

Declare hoy un día sin consumo de bebidas y sin compras. Permita que su ayuno profundice su conciencia de la presencia de Dios que vive a su alrededor, especialmente en las vidas de aquellos que pasan necesidades en esta temporada.

Primera semana de Adviento: Día 4

DESPERTAR

Leer Marcos 13:32-37

«Esto que les digo a ustedes, se lo digo a todos: ¡Manténganse despiertos!».
Marcos 13:37

Cuán fácilmente pasamos como sonámbulos a través de nuestras vidas. Pasamos de experiencia en experiencia, de encuentro en encuentro, de evento en evento como en piloto automático, mostramos poca conciencia acerca de la presencia activa de Jesús entre nosotros. En consecuencia, limitamos nuestra vida de fe a ciertos momentos religiosos como ir a la iglesia, decir nuestras oraciones, u ofrecer gracias antes de una comida y nuestra existencia cotidiana se divorcia de nuestra vida espiritual. Este sonambulismo pone en peligro nuestra salud espiritual.

El Adviento es un tiempo para despertar. Despertar es vivir en un estado constante de conciencia y atención para que no nos perdamos de Jesús, quien está siempre presente y siempre activo en nuestras vidas. Significa vivir con la expectativa de que la gracia y la misericordia puedan sorprender nuestras vidas en cualquier momento. Los eventos cotidianos no se deben tomar como algo ya hecho; más bien, como dijo Rowan Williams, el ex arzobispo de Canterbury, hay lugares donde siempre podemos esperar algo nuevo de nuestro Maestro y Tutor, que tocarán nuestras vidas de alguna manera. Si no estamos despiertos o despiertas, ¡podemos perder estos regalos de Adviento!

Entonces, ¿cómo permanecer despiertos o despiertas? Algunas prácticas simples vienen a la mente. Podemos elegir recibir cada nuevo día con gratitud y alegría, apreciar nuestra taza de café en la mañana, observar conscientemente lo que sea que tenemos ante nosotros, escuchar con atención lo que dicen las personas con las que nos encontramos, saborear los alimentos que comemos, dedicar completamente nuestra atención a cualquier tarea que realizamos, sacar tiempo para apreciar los sonidos y las sensaciones a nuestro alrededor y enfocar nuestra atención en el momento presente. En cualquier actividad que realicemos busquemos estar expectantes: expectantes, de que el Mesías que ha venido vendrá de nuevo a encontrarnos aquí y ahora. Estar despierto o despierta se trata de experimentar a Jesús donde estemos, en lo que estemos haciendo y con quien nos encontremos.

Práctica diaria

Antes de ir a la cama esta noche, piense en cómo fue su día. Recuerde un momento en el que estaba completamente alerta al mundo que le rodea. Después, recuerde un momento a través del cual anduvo como inconsciente. Observe la diferencia entre estos dos momentos y pídale a Dios que le ayude a mantenerse despierto o despierta durante todo el día de mañana.

CORONA

Leer 1 Corintios 9:24-25

«Todos los que luchan, se abstienen de todo. Ellos lo hacen para recibir una corona corruptible; pero nosotros, para recibir una corona incorruptible».
1 Corintios 9:25

Los domingos previos al día de la Navidad, los miembros de la iglesia acostumbran colocar una corona de Adviento en el frente de la iglesia. Esta corona contiene cinco velas, cuatro velas, que representan las cuatro semanas de Adviento, y una vela que representa a Cristo como la luz del mundo. Cada semana, el servicio puede empezar con alguien que enciende la vela correspondiente y canta un himno de Adviento. El ambiente de este momento de adoración suele ser alegre, expectante y lleno de anticipación.

La corona de Adviento sirve más que como una simple decoración de la temporada. Conlleva un significado esperanzador y un desafío poderoso. Para explicar su significado, Pablo ilustra una analogía útil en Primera de Corintios: Los atletas serios, dice, entran en competiciones para ganar una corona o un premio que acumula polvo y que eventualmente puede desecharse. En contraste, Dios promete una corona eterna a aquellos seguidores de Cristo que permanecen fieles hasta el final. Ellos heredarán un cuerpo inmortal, incorruptible y glorioso en el cielo nuevo y la tierra nueva de Dios.

El desafío de la corona sigue esta promesa. Para convertirnos en las personas que Dios quiere que seamos, tenemos que seguir un régimen de entrenamiento estricto, al igual que los atletas exitosos. Esta capacitación requerirá que participemos en actividades que hagan crecer nuestra doctrina, tales como estudio bíblico, adoración, confesión, servicio y oración. Este entrenamiento también puede significar abstenerse de nuestros deseos normales de comida, conversación, compañía y consuelo durante ciertos períodos de tiempo a través de las disciplinas del ayuno, el silencio, la soledad, la sencillez y el sacrificio. Si no practicamos verdaderamente los ejercicios espirituales, no experimentaremos el gozoso éxito que proviene de ser seguidores y seguidoras de Cristo.

Durante el Adviento, celebramos la promesa de Dios de un futuro eterno y también consideramos la mejor manera de entrenarnos para nuestro discipulado. Este mensaje es lo que proclama la corona de Adviento.

Práctica diaria

Experimente brevemente hoy, ya sea con una de las disciplinas de compromiso o con una de las disciplinas de la abstinencia. Puede incluir esta práctica particular con sus otras prácticas espirituales durante el resto de Adviento.

LLAVE

Leer Isaías 22:20-22

Le daré la llave de la casa de David, la posición más elevada dentro de la corte real. Cuando él abra puertas, nadie podrá cerrarlas; cuando él cierre puertas, nadie podrá abrirlas.
Isaías 22:22

La llave es un símbolo poderoso. Piense por un momento sobre qué significa poseer la llave de una casa. Podemos cerrar con llave o abrir la puerta; podemos ir y venir cuando queramos; tenemos el poder para otorgar o rechazar la entrada de alguien.

En la lectura de hoy, Dios promete la llave a Eliaquim. En La historia judía, Eliaquim era conocido como un padre bondadoso con el pueblo de Israel. Curiosamente, dentro de la liturgia de adoración de Adviento de la antigua iglesia, Eliaquim llegó a ser visto como una imagen de la venida del Mesías. En el Nuevo Testamento, aprendemos que Jesús es la llave de David que abre todas nuestras puertas cerradas (ver Apocalipsis 3:7). No solo tiene la llave para abrir para nosotros la puerta del corazón y la vida de Dios, sino que también tiene la llave para abrir nuestros corazones para que el Espíritu Santo venga y viva en nosotros. Este nuevo acceso de doble vía es lo que Jesús viene a hacer posible.

A veces sentimos como si ya no tuviéramos la llave que nos permite encontrarnos con Dios y el Espíritu Santo. Esta experiencia puede ser dolorosa, desoladora y atemorizante. O quizás nosotros tratamos de usar otras llaves para dar sentido a Dios y a nuestras vidas, pero no han funcionado. Anhelamos conocer a Dios directamente, pero no sabemos a dónde ir. Anhelamos sentir la cálida compañía del Espíritu Santo en nuestro corazón, pero de alguna manera nos sentimos huérfanos y solos. En estos momentos, necesitamos descubrir nuevamente (o quizás por primera vez) que Jesús es la llave que necesitamos entrañablemente. Él es la clave que nos otorga acceso a Dios y al Espíritu Santo en formas íntimas y personales.

Práctica diaria

Cada vez que use una llave hoy para abrir la puerta de su casa, para encender su automóvil o entrar a su oficina, recuerde lo que Jesús hace posible.

MARÍA

Leer Lucas 1:26-38

El ángel le contestó: «El Espíritu Santo vendrá sobre ti… ».
Lucas 1:35

María simboliza la vida en la cual Jesús nació. En el nuevo Testamento, ella es la primera en sostener a Cristo. Jesús es concebido en su matriz. Se formó en su cuerpo y a través de la vida de ella, viene al mundo. A diferencia de María, nosotros no cargamos literalmente la carne y la sangre de Jesús dentro de nosotros; sin embargo, estamos invitados a llevar su Espíritu y compartir su presencia con el mundo.

El Espíritu de Dios permite que la gloriosa presencia de Jesús brille a través de nosotros. María responde a la noticia de que ella tendrá un hijo preguntándole al ángel Gabriel: «¿Pero cómo podrá suceder esto? [...]. Soy virgen». (Lucas 1:34). La respuesta del mensajero de Dios es clara: «El Espíritu Santo vendrá sobre ti… ». (Lucas 1:35). En otras palabras: así cómo María descubre por sí misma, nosotros tampoco nos llenamos de la presencia de Jesús solo por nuestros propios esfuerzos. El Espíritu de Dios nos llena con la presencia de Jesús.

Aun así, este milagro requiere nuestro consentimiento, como lo vemos en la respuesta de María: «Que se cumpla todo lo que has dicho acerca de mí» (Lucas 1:38). Con estas palabras, María responde afirmativamente a Dios. Responde libremente, humildemente y de todo corazón. Si queremos que Jesús nazca en nuestras vidas, debemos ofrecernos a Dios todos los días. Debemos entregarnos continuamente a Dios para que el amor y la gracia de Jesús puedan crecer y profundizar dentro de nosotros. Dios nunca fuerza la divina presencia sobre nosotros. Dios nos espera para que demos nuestro sí libremente.

Adicionalmente, responder con un «sí» a Dios nos conduce inevitablemente al servicio amoroso a otras personas. Nuevamente, vemos este servicio reflejado en el encuentro de María con el ángel Gabriel. Ella dice: «Soy la sierva del Señor» (Lucas 1:38). A medida que brindamos amor a quienes nos rodean en esta temporada de Navidad, verán la amorosa Luz del mundo brillar a través de nosotros. Nuestras acciones de amor no necesitan ser grandiosas. Simplemente podemos mostrar amor cada vez que surja la oportunidad, tal vez a través de un saludo, una sonrisa, al enviar un correo electrónico amable, con una llamada telefónica, una visita, al compartir una comida, escuchar a quien lo necesita. Todos estos pequeños y hermosos regalos de amor expresan nuestro deseo de ser servidores de Dios donde sea que estemos.

Permitamos que en este Adviento nuestros corazones se conviertan en Belén. Aunque Jesús nació hace más de dos mil años, quiere nacer de nuevo en nosotros hoy. María nos sirve como guía a través de este nacimiento glorioso y misterioso. Cuando abrimos nuestros corazones al poder del Espíritu Santo, cuando permitimos la acción de Dios dentro de nosotros, y cuando nos convertimos en un conducto del amor divino para todos los que nos rodean, Jesús nace de nuevo en nosotros y a través de nosotros para la curación del mundo.

Práctica diaria

Encuentre un espacio hoy donde pueda pasar cinco minutos con Dios. Siéntese cómodamente con los ojos cerrados, coloque sus manos abiertas en su regazo, y acalle su mente. Repita las palabras de María: «Que se cumpla todo lo que has dicho acerca de mí», haga sus propias oraciones, y ofrézcalas a Dios junto con los anhelos de su corazón. Si su atención se dispersa, regrese muy suavemente a las palabras de María de auto-ofrecimiento y consagración.

ÁNGEL

Leer Lucas 2:8-9

«De repente, apareció entre ellos un ángel del Señor,
y el resplandor de la gloria del Señor los rodeó.
Los pastores estaban aterrados…».
Lucas 2:9

La mayoría de las personas involucradas en la historia del nacimiento de Jesús son sorprendidas por un encuentro con un mensajero de Dios. Ángeles visitan a María, José, Zacarías y a los pastores, y les traen garantías especiales del amor de Dios y de su cuidado. No puedo imaginar la historia de la Navidad sin ángeles; perdería su misterio, su luz y su maravilla.

La presencia de los ángeles nos recuerda que existe una realidad más allá de lo que podemos ver. La mayoría de nosotros hemos sido educados en una visión del mundo que sólo enseña sobre el reino físico. Dentro de esta caja de espacio-tiempo, únicamente los objetos que podemos ver, tocar y medir son reales. El Adviento nos invita a tener una visión más amplia y nos introduce a otra realidad: el mundo espiritual que rodea y penetra el mundo físico. En este mundo espiritual, Dios es el habitante más glorioso y abrumador. Vivimos y nos movemos y nuestro ser está sumergido en esas maravillosas cualidades invisibles del reino de Dios.

En este Adviento, podemos estar abiertos a las visitas sorpresa de los ángeles. A menudo se presentan bajo la apariencia de un extraño inesperado, un visitante que no hemos invitado, o un encuentro casual. En la Carta a los hebreos, el escritor nos recuerda que cuando mostramos hospitalidad en este tipo de situaciones, podemos hospedar ángeles sin saberlo (véase Hebreos 13:2). Quizás estos ángeles compartirán mensajes similares a lo que escucharon María, José y Zacarías, o quizás compartan las palabras de Jesús: «No tengan miedo. Deja que Cristo nazca en ti. Permite que el amor divino fluya a través de tu vida. Cuida del extranjero, del forastero y del exiliado en tu tierra. Perdona y reconcíliate».

Cualesquiera que sean los mensajes que traen los ángeles, no debemos asustarnos. Incluso si obedecer los mensajes nos mueve más allá de lo que es familiar y conocido, podemos estar seguros que Emanuel está con nosotros.

Práctica diaria

Esté abierto o abierta a las sorpresas de Dios durante todo el día. Diga al Señor, «buscaré a los ángeles en todos mis encuentros y prestaré atención a tu mensaje lo mejor que pueda».

BRILLO

Leer 2 Corintios 4:5-6

Pues Dios, quien dijo: «Que haya luz en la oscuridad»,
hizo que esta luz brille en nuestro corazón
para que podamos conocer
la gloria de Dios que se ve en el rostro de Jesucristo.
2 Corintios 4:6

Me he dado cuenta de que las caras de algunas personas parecen brillar desde adentro. Poseen algo que es bellamente transparente y que iluminan gloriosamente con amor. Estoy convencido que este "algo" solo puede ser la bondad radiante de Dios que brilla a través de ellos. Quizás todos conocemos este tipo de personas.

Imaginemos ahora el brillante resplandor que ilumina el rostro de Jesús. Donde quiera que vaya, su vida lleva luz a quienes caminan en la oscuridad. Jesús ilumina las vidas oscuras de aquellos que toca con la luz de Dios. Irradia su presencia compasiva en todo momento, incluso en la terrible oscuridad de la cruz. El brillo de su vida era, es y siempre será un reflejo de Aquel que lo envió.

En nuestro oscuro mundo de hoy, nuestros corazones fácilmente pueden volverse sombríos por la desesperación y la impotencia. Antes de que siquiera sepamos lo que está sucediendo, podemos comenzar a reflejar la oscuridad que nos rodea si nuestras palabras y nuestras acciones provienen de un lugar de desolación en lugar de consuelo. Cuando la gente nos mira a la cara, ya no ven la bondad ni el amor de Dios que brilla a través de nosotros. La luz se ha apagado en nuestros ojos. Nuestras vidas no brillan con compasión y calidez.

El Adviento nos invita a abrir nuestros corazones y mentes a la luz eterna de Dios. Ésta podría ser una de las razones por las que encendemos velas durante esta temporada: no porque creemos en las velas, sino que deseamos profundamente dar la bienvenida a la Luz, a la que la oscuridad nunca puede vencer, y dejar que brille a través de nuestras vidas.

Práctica diaria

Tómese unos minutos hoy para sentarse en una habitación oscura. Piense en esas personas en su vida y en el mundo que posiblemente viven en la oscuridad. Luego, encienda una vela y ore para que la luz de Dios brille a través de su vida y en las vidas de los demás.

COMPASIÓN

Leer 15:11-20

«Entonces regresó a la casa de su padre,
y cuando todavía estaba lejos,
su padre lo vio llegar. Lleno de amor y de compasión,
corrió hacia su hijo, lo abrazó y lo besó».
Lucas 15:20

La palabra *compasión* evoca sentimientos encontrados. Queremos que nos conozcan como personas compasivas. Como cristianos, creemos que ser humano es ser compasivo y ser compasivo es ser humano. Pero cuando se trata de actuar con compasión en el mundo real, no siempre lo logramos.

El Dios que se nos revela en Jesús es directa y completamente compasivo. Vuelva a leer las palabras de Jesús que describen al padre del hijo pródigo. Todo el ser del padre está impregnado de compasión: su mirada, su corazón desbordante, la prisa en sus pies, sus brazos acogedores y los besos en sus labios. La prueba de fuego para entender nuestro papel como cristianos es si nuestras vidas reflejan esta compasión drástica. Si queremos saber cómo es Dios, miremos siempre hacia Jesús, quien encarna el significado de *compasión*.

En un mundo abrumado por el sufrimiento y el dolor humano, Jesús nos llama a practicar la compasión. Compasión significa «sufrir con». Dios se conecta con nosotros en nuestro sufrimiento y nos invita a estar con otros en su dolor. Sin embargo, no podemos ofrecer a las personas que sufren a nuestro alrededor lo que no hemos recibido nosotros mismos. Debido a nuestras luchas con el auto-rechazo, la culpa y la vergüenza, recibir la compasión de Dios puede ser difícil. Cuando nos sentimos incapaces de aceptar la compasión de Dios, podemos orar a Dios por la capacidad de vernos a nosotros mismos de la manera en que Él nos ve.

Así que contemplemos al Dios que viene a nosotros en Jesús: abre nuestros corazones para recibir la compasión divina, y luego obra para poner esta compasión a disposición de los demás.

Práctica diaria

Piense en una persona hoy a quien usted pueda mostrar compasión. No se preocupe por lo que vaya a decir o hacer. Recuerde que el mejor regalo que puede darle a alguien que sufre es su presencia amorosa.

DAR LA BIENVENIDA

Romanos 15:7-13

Por tanto, recibíos los unos a los otros,
como también Cristo nos recibió,
para gloria de Dios.
Romanos 15:7

Acoger genuinamente a las personas es invitarles a nuestro espacio, abrirles nuestros corazones y hacerles sentir que pueden ser ellas mismos en nuestra presencia. ¡Qué maravilloso regalo para ofrecer a los demás!

Como nos recuerda la lectura, Jesús nos ofrece el regalo de dar la bienvenida. Cómo el verdadero Mesías, cumple la promesa que Dios hizo a Abraham, Isaac y a Jacob. A través de Jesús, Dios permite que todos y cualquier persona sean bienvenidos a la familia de Dios.

Pablo nos anima a ofrecer el regalo del evangelio de bienvenida a otros. Dar la bienvenida a otros puede comenzar con una simple sonrisa o un acto de bondad. Cuando alguien en necesidad se cruza en nuestro camino, podemos ser atentos, podemos escuchar, y podemos responder con compasión y amor en lugar de hacer que se sienta como una interrupción o una imposición en nuestro tiempo. Esto no es fácil, especialmente cuando la persona que buscamos recibir es vulnerable, se encuentra en apuros, o desesperada, por lo tanto puede parecer que dar es difícil.

Pero, ¿qué tiene que ver dar la bienvenida con el Adviento? En palabras sencillas, Jesús, la persona a quien deseamos recibir en nuestros corazones durante esta temporada, a menudo viene a nosotros vestida como un forastero. Si esto es cierto, como el mismo Jesús lo manifiesta, entonces ya no podemos definir el Adviento como cuatro semanas del calendario que celebramos una vez al año. Celebramos el Adviento cada vez que damos la bienvenida a alguien en el nombre de Jesús y por su nombre, cada vez que miramos más allá de nosotros mismos y vemos a alguien que necesita amor y compasión. Dar la bienvenida a otros implica tomar conciencia de que hay otras personas fuera de nuestro núcleo familiar, nuestro círculo de amigos y nuestras comunidades de fe. Damos la bienvenida cuando tomamos el riesgo de extender la mano, presentarnos e interesarnos en sus vidas. Recordemos hoy que dar la bienvenida al forastero es un regalo navideño de amor genuino que podemos obsequiar todos los días del año.

Práctica diaria

Hoy busque ser amable intencionalmente. Mantenga la puerta de su oficina abierta o invite a alguien que no conoce a almorzar. Ofrezca una sonrisa amable al cajero o cajera en el supermercado o visite a los vecinos que acaban de mudarse a la casa contigua.

ESPERAR

Leer Salmo 27:13-14

¡Espera en Jehová!
¡Esfuérzate y aliéntese tu corazón!
¡Sí, espera en Jehová!
Salmo 27:14

A menudo escuchamos a los pastores decir que el Adviento tiene que ver con esperar. Pero muchas personas encuentran esa afirmación desconcertante. Después de todo, ¿cómo podemos esperar a alguien que ya ha venido? ¿Jesús no vino a nosotros en Belén? ¿No vino también, después de su resurrección y ascensión? ¿No permanece con nosotros en su Espíritu? ¿Qué significa, entonces, esperar a alguien que está con nosotros en este momento?

El teólogo Walter Burghardt, SJ, plantea que María nos ayuda a resolver este enigma. Desde el momento en que el ángel la deja, ella sabe que Jesús vive dentro de ella. Pero debe esperar. Jesús está allí, y sin embargo, todavía no está allí. De repente, después de meses de espera activa y de preparación para su venida, Jesús nace para ella y es colocado en un pesebre. Jesús es a quien María ha estado esperando. Viene a ella desde dentro de ella. Cómo María, esperamos a Jesús quien ya está presente dentro y alrededor de nosotros para dar luz a nuestras vidas.

Mientras esperamos, no permanecemos sentados sin hacer nada. Nuestra espera es activa, enérgica y deliberada. Oramos mientras esperamos, respondemos a los impulsos del Espíritu Santo dentro de nosotros y amamos a los que nos rodean. Mientras oramos conservamos la esperanza de que Jesús llegue a nosotros y a los que caminan en la oscuridad. Todo esto lo hacemos con la certeza de que Jesús vendrá a nosotros con su presencia viva.

Mientras tanto, esperamos de la manera mencionada, atendiendo en todo momento las palabras del salmista: «¡Esfuérzate y aliéntese tu corazón! ¡Sí, espera en Jehová!»

Práctica diaria

Durante todo el día, cada vez que se encuentre esperando: ya sea en línea en la fila para pagar las compras, atascado o atascada en el tráfico, en el consultorio de un médico o médica, o esperando a la salida de la escuela esperando por sus hijos, considere que esperar por el Señor tiene significado dentro del contexto de su vida presente.

ESPERANZA

Leer Colosenses 1:24-29

A ellos, Dios quiso dar a conocer las riquezas de la gloria de este misterio entre los gentiles, que es Cristo en vosotros, esperanza de gloria.
Colosenses 1:27

Cuando la vida se pone oscura dentro y alrededor de nosotros, podemos desanimarnos. Las crisis dolorosas que perturban nuestras vidas pueden llevarnos al borde de la desesperación. El sufrimiento abrumador de nuestro mundo se burla de la afirmación de que esta temporada es de buenos anhelos y de bendición, y los sentimientos de desesperanza contaminan nuestros pensamientos.

En este contexto, la guirnalda de hojas perennes nos recuerda que la temporada de Adviento es un tiempo de esperanza. La esperanza original estaba en el Mesías de Dios para que anunciara el reino de Dios en la tierra, sanara la brecha entre Dios y la humanidad, y trajera orden al mundo. Como seguidores de Jesús, creemos que esta esperanza se hizo carne y sangre en Belén. Hoy, Jesús vive en nosotros a través de la presencia de su Espíritu. De hecho, como enfatiza Pablo en su carta a los colosenses, Cristo en nosotros es la esperanza de la gloria. A través de Jesús, ya hemos probado el glorioso futuro de Dios en el presente.

El Adviento nos desafía a vivir en el momento presente como agentes de esta esperanza futura. Podemos comenzar a compartir esta esperanza donde sea que encontremos desesperación y desaliento. Podemos pedirle a Dios que nos dé palabras que lleven luz y esperanza para brindar a aquellos que caminan en la oscuridad. Invitamos a Dios a consolar a los heridos a través de nuestra propia presencia solidaria. Encontramos formas para que nuestro trabajo diario genere el bien común. Rogamos a Dios que se revele así mismo en quienes sufren.

Maravillosamente, mientras buscamos ser un signo de esperanza de Adviento para otros, descubrimos que nuestras propias vidas están llenas de las posibilidades nuevas de Dios. A medida que hacemos que los demás conozcan a Dios, comenzamos a darnos cuenta que Cristo en nosotros es ciertamente la esperanza de la gloria.

Práctica diaria

Elija ser una persona de esperanza hoy. Piense en una forma en que pueda traer esperanza a alguien que está desalentado. Después de haber actuado con esta intención, reflexione sobre los efectos de esta acción de esperanza en su propia vida.

JOSÉ

Leer Mateo 1:18-25

Cuando despertó José del sueño, hizo como el ángel del Señor le había mandado y recibió a su mujer.
Mateo 1:24

José representa la vida guiada. Cuando lo encontramos por primera vez en las escrituras, se enfrenta a un doloroso dilema. Él es un hombre enamorado, comprometido con María y deseando que llegue el día de su boda. Entonces, descubre que ella está embarazada. Sabe que él no es el padre porque aún no están casados. Esta noticia lo hunde en una crisis. No obstante, en medio de esta sacudida, él sabe lo que tiene que hacer. Pero, ¿cómo llega a esta claridad?

Primero, enfrenta valientemente los hechos frente a él. Su prometida está embarazada. Puede quedarse con ella, o puede hacer planes para dejarla. Aunque inicialmente se inclina hacia esta última opción, no actúa impulsivamente. Toma tiempo para pensar en sus opciones. José muestra valentía al considerar una situación difícil desde diferentes perspectivas. Cuando nos encontramos frente a decisiones difíciles, nosotros también debemos reflexionar sobre ellas desde todos los ángulos posibles.

En segundo lugar, José escucha la palabra del Señor, que viene a él en un sueño. Hoy, Dios continúa hablando en muchas maneras. Experimentamos la voz divina en la creación, en las palabras sabias de un amigo de confianza, en la liturgia, en la reflexión silenciosa, y en las Escrituras. La Biblia nos señala hacia la Palabra Viva, Jesucristo encarnado. Al igual que José, necesitamos escuchar continuamente lo que Dios nos dice cuando luchamos con la toma de decisiones. Cuando escuchamos al Señor nos encontramos frente al corazón que guía la vida.

En tercer lugar, José sigue la guía que recibe. Incluso aunque su decisión podría significar perder su reputación como un hombre virtuoso, actúa según la guía que recibe de Dios. Igualmente, si queremos seguir hacia donde nos conduce el Espíritu de Dios, necesitamos disponernos a actuar. Cuando consideramos nuestras posibles decisiones, oramos por ellas, y tratamos de escuchar los puntos particulares que Dios nos muestra en el camino, debemos dar el primer paso.

Aunque el Evangelio de Mateo no registra las palabras de José sobre su decisión, su vida habla en voz alta sobre la importancia de encontrar y buscar la voluntad del Señor. Dios tiene buenos propósitos para cada uno de nosotros. A pesar de los riesgos, buscar genuinamente la guía de Dios sigue siendo la más importante forma de vivir en sintonía con lo que Dios quiere para nuestras vidas. En esto respecto, José es un maravilloso mentor y amigo.

Práctica diaria

Piense en una decisión particular que necesita tomar en este momento. Siéntese con un cuadernillo para notas o frente a su computadora, y enumere las diferentes opciones que tiene delante de usted. Reflexione sobre ellas en oración, y pídale a Dios que le guie en los días venideros.

Tercera semana de Adviento: Día 1

PACIENCIA

Leer 2ª de Pedro 3:11-18

Por eso, amados, estando en espera de estas cosas, procurad con diligencia ser hallados por él sin mancha e irreprochables, en paz. Y tened entendido que la paciencia de nuestro Señor es para salvación...
2 Pedro 3:14-15

Dios nunca parece estar apurado. En las Escrituras, vemos a la gente de Dios esperando durante siglos la llegada del Mesías prometido. Mientras esperamos que las promesas de Dios se cumplan en el la venida final de Cristo, necesitamos recordar esto. Y como la lectura de hoy sugiere, la tranquilidad de Dios es también algo por lo cual debemos estar agradecidos y agradecidas, porque nos han dado tiempo para arrepentirnos de nuestras faltas y difundir las buenas nuevas de Jesús a los demás. De hecho, como leemos en la Segunda de Pedro, la paciencia del Señor es nuestra salvación.

El Adviento ofrece una maravillosa oportunidad para dejar que un poco de la tranquilidad y la paciencia de Dios nos roce. A la mayoría de nosotros la paciencia no nos llega automática o fácilmente. Tendemos a ser impacientes con nosotros mismos, con los que nos rodean, y especialmente con las circunstancias difíciles que enfrentamos. Queremos que nuestros defectos de carácter sean transformados en un instante. Queremos que la gente responda a nuestras demandas de inmediato. Queremos que las situaciones difíciles sean solucionadas ahora mismo. Esta impaciencia nos envenena. Infecta nuestros pensamientos y acciones con irritación e ira, y nos daña a nosotros y a los que nos rodean.

¿Qué significa ser paciente? La palabra viene del verbo latino *patior*, que significa «sufrir». Ser paciente es sufrir a través del momento presente, especialmente cuando las cosas no son lo que queremos que sean. Tener paciencia significa vivir en el aquí y ahora, estar completamente atentos a las personas y eventos en nuestras vidas, y estar abiertos a recibir las semillas del crecimiento y de los cambios personales que están ocultas en cada circunstancia difícil e imperfecta.

No es sorprendente que tal paciencia no sea simplemente el resultado de nuestra fuerza de voluntad; es el fruto del Espíritu de Dios que vive dentro de nosotros. En esta temporada de Adviento, podemos cooperar con el Espíritu y aprovechar esas oportunidades que nos enseñan paciencia.

Práctica diaria

Una forma de cooperar con el Espíritu Santo es practicar la paciencia en los momentos ordinarios de nuestro día: elegir la fila más larga para pagar en el almacén, tener más consideración y otorgar más tiempo a un colega que no cumplió con la fecha límite o conducir al límite de velocidad. Dios usa momentos ordinarios como estos para cultivar el fruto del Espíritu entre nosotros.

ESCONDIDA

Leer Colosenses 3:1-3

Poned la mira en las cosas de arriba, no en las de la tierra, porque habéis muerto y vuestra vida está escondida con Cristo en Dios.
Colosenses 3:2-3

Para una cultura obsesionada con la celebridad, los seguidores de las redes sociales y obtener reconocimiento, la invitación de Pablo a vivir una vida discreta suena radicalmente contracultural. No nos gusta pasar desapercibidos. Queremos que se nos vea como que tenemos mucho que ofrecer, como indispensables para los que nos rodean, y como seres populares a los ojos del mundo. Si bien querer vivir una vida significativa puede no ser un mal deseo, nuestra resistencia a no ser visibles ni reconocidos puede hacer que confiemos más en cómo nos ven los demás que en cómo nos ve Dios.

El tema de ser discreto pasa por gran parte de la vida de Jesús. Piensa en su nacimiento en un insignificante pueblo palestino lejos de las grandes ciudades, sus años de formación de carácter con María y José en Nazaret, sobre el cual sabemos muy poco, su formación entre bastidores para el ministerio durante su adolescencia y sus años de adulto joven, y muchas horas pasadas en la soledad y la oración durante sus años de ministerio. Jesús sabe lo que significa vivir una vida moderada y discreta durante tres años altamente públicos.

Tal vez el Adviento nos invita también a practicar la soledad. En un nivel práctico, esto simplemente significa forjar tiempo para estar a solas durante el ajetreo de la temporada. La soledad planificada nos ayuda a recordar quiénes somos y nos permite enfocarnos en nuestra propia formación. Nos recuerda que Dios nos ama tal como somos. Eso disminuye nuestra necesidad por la afirmación y aprobación de los demás y nos libera para estar más dispuestos y dispuestas a actuar en lo que Dios nos llama a hacer. Sobre todo, la soledad prepara nuestros corazones para recibir el amor y la misericordia de Dios.

He escuchado que los santos genuinos siempre buscan la calma. En la soledad, en lo ordinario y en lo no ostentoso, trabajan en su relación con Dios de maneras que otros pueden no percibirla. Aun así, al centrarse en lo que Dios quiere que sean, ellos brillan, trayendo la luz de Dios al mundo. Nosotros podemos aspirar a hacer lo mismo.

Práctica diaria

Cree un mini retiro de Adviento para usted hoy. Saque un tiempo para estar en soledad, y enfoque su atención en Dios. ¿Quién quiere Dios que sea usted hoy, durante esta temporada de Adviento y todos los días?

RECORDAR

Leer 2 Timoteo 2:8-10

Acuérdate de Jesucristo, descendiente de
David, resucitado de los muertos
conforme a mi evangelio, en el cual sufro penalidades,
hasta prisiones a modo de malhechor...
2 Timoteo 2:8-9

Nuestra fe está arraigada en el recuerdo. Eruditos de la historia de la iglesia primitiva nos recuerdan que dentro de las primeras comunidades cristianas las primeras obligaciones de los discípulos eran enseñar y ayudar a los nuevos seguidores de Cristo a desarrollar una memoria cristiana. Tal memoria encontró su enfoque principal en Jesús, lo que llevó a Pedro a alentar a quienes le escribían con las siguientes palabras: «Recuerda a Jesucristo».

Durante el Adviento, recordamos el misterio de la primera Navidad. Algo sucedió ese día que nunca había sucedido antes. Dios se introduce en la historia humana de la misma manera que nosotros entramos al mundo: a través del útero de una mujer como un bebé que llora y necesita ser cuidado y alimentado, vulnerable y dependiente como toda la humanidad. Dios se vuelve como tú y yo para que conozcamos el camino, la verdad y la vida. Hoy, y cada día de Adviento, recordamos esto.

Pero no sólo recordamos a Jesús como un bebé. También lo recordamos en sus obras y palabras, en su muerte y resurrección. La Navidad nos señala el Viernes Santo y el Domingo de Pascua. Aquel que recordamos hoy vive más allá de la muerte como nuestro Señor y Salvador resucitado, que reside dentro y entre nosotros. Jesús está vivo, presente en todo el universo, disponible y accesible para cada uno de nosotros. Hoy recordamos eso. El Mesías se ha levantado de entre los muertos.

Desarrollar una memoria cristiana, no se trata de vivir en el pasado. Recordamos para poder vivir con corazones abiertos al Cristo que está vivo y presente con nosotros hoy y todos los días.

Práctica diaria

Dedique un tiempo hoy para recordar el momento en que Cristo se convirtió en más de una palabra para usted. De gracias a Dios por ese recuerdo, y permita que le conduzca a una nueva apertura hacia Cristo hoy.

CON

Leer Mateo 1:23-25

«Una virgen concebirá y dará a luz un hijo
y le pondrás por nombre Emanuel»
(que significa: «Dios con nosotros»).
Mateo 1:23

Una de mis versiones favoritas de las Escrituras es La Biblia vida con Dios. El título es un poderoso recordatorio de que la Biblia se trata de seres humanos que viven con Dios. No es de extrañar que uno de los nombres dados a Jesús es Emanuel, lo que significa, «Dios está con nosotros». ¿Qué significa esto para nosotros durante el Adviento?

A lo largo de las Escrituras, Dios promete una y otra vez, «Yo estoy contigo». Comenzando en Génesis, somos testigos de la presencia viva de Dios con personas en todas las circunstancias ordinarias y extraordinarias de sus vidas. El Adviento nos recuerda que la promesa de Dios se hizo carne y sangre en Jesucristo. Quizás nosotros nunca más podemos pensar en el mundo como un mundo sin Dios o en Dios como distante y lejano. A lo largo de todas nuestras experiencias y encuentros, Dios está presente con nosotros y estará incluso al final de los años.

Además, la promesa de Dios: «Yo estoy contigo», llega con una invitación, «¿Estarás conmigo?» *Con* es una palabra poderosa que evoca un sentido de conexión y asociación. Dios no nos intimida para forzar su ser en nuestras vidas. Podemos elegir vivir sin Dios. Adán y Eva tomaron esta decisión con su elección devastadora en el jardín del Edén y las consecuencias de su decisión nos afectan incluso hoy. Maravillosamente, a pesar de que repetidamente le damos la espalda a Dios, el Adviento nos recuerda que Dios nunca nos abandona, continúa viviendo dentro de nosotros y nos ofrece un amor firme que no nos dejará.

El Adviento es un tiempo para recordar tanto la promesa como la invitación de Dios. Escuchemos nuevamente a Dios hablándonos desde lo más profundo de nuestro ser: «Yo estoy contigo», y podemos responder diciéndole: «quiero vivir contigo». Al escuchar esta invitación llena de la gracia de Dios y al responder afirmativamente, viviremos en nosotros el don de la vida con Dios.

Práctica diaria

Cada vez que comience una nueva actividad hoy en el trabajo o en el hogar, dígale a Dios: «quiero hacer esto contigo». Anticipe que Dios va a trabajar con y a través de usted en todo lo que usted haga.

LUZ

Leer Isaías 9:1-2

El pueblo que andaba en tinieblas
vio gran luz;
a los que moraban en tierra de sombra de muerte,
luz resplandeció sobre ellos.
Isaías 9:2

El Adviento puede ser una temporada melancólica. A menudo, nuestros corazones están llenos de sentimientos de dolor, aislamiento y depresión. Irónicamente, las celebraciones de esta temporada ahondan estas tristezas aún más. ¿Cómo podemos liberarnos de estas emociones difíciles?

El Adviento nos recuerda que la venida del Niño Jesús trae luz a la oscuridad y las tinieblas de este mundo. ¿Cómo hace Jesús esto? Jesús perdona a los pecadores. Libera al oprimido. Le da la bienvenida al forastero. Consuela al que está en duelo. Cura a los enfermos. Juega con los niños. Fortalece a los débiles. ¡Imagina la luz! La luz que fluye en nuestras vidas cuando sabemos que somos valorados, amados y apreciados por Dios y por los demás. Este sentimiento es lo que las personas heridas, abatidas y desesperadas experimentan en la presencia de Jesús y nosotros también podemos experimentarlo.

Hoy, Cristo resucitado quiere encender su luz en nuestra existencia sombría. Una de las mejores formas de recibir su luz es compartir honestamente con Cristo sobre lo que sucede en nuestras vidas. Cuando le contamos sobre nuestro dolor y nuestras pérdidas, le damos acceso a nuestras emociones dolorosas.

Permitimos que su luz de curación entre a nuestros lugares oscuros y recordamos que él es Emanuel. Que no estamos solos.

Práctica diaria

Haga hoy en oración un experimento con su imaginación. Cierre los ojos, e imagine que está sentado o sentada a solas en una habitación oscura. Visualice a Jesús que entra a la habitación con la luz de Dios fluyendo a través de todo su ser. Por unos momentos, permita que su luz brille en cualquier penumbra que tenga en su corazón.

ALEGRÍA

Leer Lucas 2:10-14

Pero el ángel les dijo:
—No temáis, porque yo os doy nuevas de gran gozo, que será para todo el pueblo…
Lucas 2:10

Algunos de nosotros tenemos dificultades para abrirnos a la alegría del Señor cuando nos vemos acosados o acosadas por el sufrimiento. Sentimos como si debemos cargar con el dolor que nos rodea, pero nos olvidamos de aceptar la alegría. Encontramos desconfianza, sospechas e incluso resistencia a las posibilidades de vivir la alegría que se encuentra en Jesucristo.

Y tal vez tenemos buenas razones para nuestra renuencia. Hemos sufrido dolores y decepciones en el pasado. Sabemos que la vida puede ser terriblemente injusta y tal vez tengamos problemas con una disposición que se inclina más hacia la desesperación que a hacia la esperanza. Tal vez sentimos temor de abrimos a la alegría por miedo a encontrarnos con la decepción. Cualquiera que sea el motivo, podemos encontrar que le tememos a la alegría. No es de extrañar que el ángel, al traer a los pastores buenas noticias que traen gran alegría, les dice que no tengan miedo.

El Adviento nos invita a superar nuestro miedo y a recibir la alegría que Jesús trae. Jesús no sólo es un hombre lleno de gran alegría, sino que también quiere compartir esa alegría con nosotros. Su alegría, tan evidente en su vida, no es ciega a la presencia del sufrimiento, del mal y de la muerte. Jesús enfrenta estas realidades de frente. La alegría que él ofrece ha sido probada por todo lo que tan a menudo nos roba la nuestra. Gracias a la vida de Jesús, su crucifixión y resurrección, podemos confiar en que su alegría es más fuerte que todos sus oponentes.

¿Qué nos impide vivir esa alegría? Que estemos dispuestos y dispuestas a liberar nuestros miedos y permitir que la alegría de Jesús entre en nuestros corazones y mentes.

Práctica diaria

Haga un esfuerzo consciente hoy para regocijarse en los cosas buenas que llegan: una cálida taza de café, el rostro amistoso de un ser amado, la belleza de un amanecer o un atardecer. Reciba el don de la alegría de Dios en estos momentos.

LOS REYES MAGOS

Leer Mateo 2:1-12

—¿Dónde está el rey de los judíos que ha nacido?, pues su estrella hemos visto en el oriente y venimos a adorarlo.
Mateo 2:2

Los Reyes Magos representan una vida de búsqueda y entrega. Si bien no sabemos cuántos magos vienen a buscar a Jesús, el Evangelio de Mateo nos cuenta algunos hechos. Ellos vienen del este. Vienen con regalos. Sobre todo, sabemos que buscan a un nuevo gobernante: un rey de los judíos. Como tal, nos hablan sobre nuestro propio anhelo por Dios.

Sorprendentemente, vemos que Dios inicia la búsqueda de los Reyes Magos dándoles una estrella. Hoy, Dios continúa dándonos estrellas para ayudarnos a anticipar un buen rumbo. Estas «estrellas» vienen con diferentes nombres y de diferentes maneras, como la estrella de nuestro descontento que despierta cierta inquietud en nuestras vidas; la estrella de nuestra búsqueda de lo que es duradero; y la estrella de nuestra necesidad de aceptación. Estas estrellas y otras nos recuerdan que Dios ha colocado la eternidad en nuestro corazón, y que nunca estaremos en casa hasta que encontremos nuestro verdadero hogar en Dios.

Los Reyes Magos nos desafían a ser serios acerca de nuestra búsqueda. Ellos lo dejan todo para seguir a la estrella. Hacen preguntas y reciben dirección. Invierten tiempo, esfuerzo y energía en su viaje. Incluso arriesgan su seguridad yendo en contra de los deseos de Herodes. Por comparación, nuestra búsqueda a menudo parece tibia en el mejor de los casos.

La búsqueda de los Reyes Magos los lleva al Niño Jesús, pero nuestra propia búsqueda a menudo nos conduce a la dirección equivocada. En lugar de buscar a Dios como sugiere el profeta Jeremías: «Me buscaréis y me hallaréis, porque me buscaréis de todo vuestro corazón» (v. 29:13), nos vamos tras el dinero, unas vacaciones perfectas, o de muchos regalos. El mensaje de la Navidad proclama que Dios nos dirige hacia Jesucristo. Cualquier ruta que sigamos, ¡dirijamos nuestros pasos hacia la dirección correcta que es Jesús!

Además de buscar a Jesús, los Reyes Magos también se someten a él. Cuando llegan a la casa de María y José, se arrodillan ante Jesús y le ofrecen regalos de gran valor. Estos regalos representan su sumisión. La auto entrega nos lleva a un conocimiento vivencial de Emanuel. Le da a Dios más profundo acceso a nuestras vidas. Cambiar nuestras vidas de un estilo egocéntrico a una forma de vida centrada en Dios requiere una vida de rendición.

Dios quiere ser buscado. La buena noticia es que, mientras buscamos intencionalmente a Dios, Dios nos sale al encuentro en nuestra búsqueda y nos acoge con su amor maravilloso. A medida que nos rendimos todos los días a este amor, podemos entregarnos a Dios y a quienes nos rodean en nuevas y vivificantes formas de vida. Cuando nos esforzamos por buscar y rendirnos, el milagro de la Navidad puede suceder todos los días.

Práctica diaria

Encuentre unos minutos para estar a solas. Adopte una postura corporal que sea la mejor para usted para mostrar su deseo de entregarse a Dios. Puede elegir sentarse con las manos abiertas o extendidas, acostarse en el suelo, permanecer en pie con las manos levantadas, o arrodillarse. Exprese su deseo de Dios a través de su cuerpo.

REFLEXIONAR

Leer Lucas 1:26-38

Pero ella, cuando lo vio, se turbó por sus palabras, y pensaba qué salutación sería ésta.
Lucas 1:29

Al principio de mi carrera como pastor, recibí un consejo que no he olvidado de parte de uno de mis mentores. Este pensamiento ha moldeado profundamente la forma en que vivo y ministro. Una mañana mientras me encontraba en su oficina y hablábamos sobre el trabajo de la semana anterior, mi mentor dijo: «Trevor, recuerda siempre: no aprendemos de la experiencia. Nosotros aprendemos cuando reflexionamos sobre la experiencia».

María, la madre de Jesús, nos guía en esta tarea de reflexión. Vemos en el Evangelio de Lucas que ella reflexiona sobre los eventos de su vida. En nuestra lectura de hoy, cuando el ángel Gabriel la sorprende con la palabra con la que la saluda y le dice del favor de Dios, leemos que ella reflexiona sobre su saludo. En este pequeño detalle, alcanzamos a visualizar a la María contemplativa, que reforma las piezas en su mente y corazón, preguntándose qué pueden significar aquellas palabras para su vida.

En la fiebre frenética de esta temporada prenavideña, veo un aprendizaje importante para nosotros. Podemos caer fácilmente en una forma de vida irreflexiva que llena nuestros días de compras, de fiestas y de nuestros trabajos por terminar para el año, sin detenernos a observar lo que sucede dentro y alrededor nuestro. No es de extrañar que rara vez aprendemos de nuestras experiencias, repetimos los mismos errores y quedamos atrapados o atrapadas en patrones de vida destructivos. Sólo cuando nos detenemos a reflexionar sobre nuestras experiencias, extraemos aquellas enseñanzas que pueden cambiar nuestras vidas de manera positiva.

Práctica diaria

Antes de acostarse, tómese unos minutos para reflexionar sobre los eventos del día. Pídale a Dios que le ayude a descubrir lo significativo de ellos, o el significado de los sucesos aparentemente pequeños que requieren más atención y reflexión.

Cuarta semana de Adviento: Día 2

HOGAR

Leer Lucas 1:39-45, 56

Se quedó María con ella como tres meses;
después se volvió a su casa.
Lucas 1:56

Las exigencias que nos hacemos a nosotros mismos durante la temporada de Navidad, a menudo traen mucha tensión a nuestros hogares. En vez de hacer de ellos lugares seguros de renovación, descanso y gozo para renovar las relaciones familiares, se convierten en lugares de tensión, discusión y conflicto. Pasamos a vivir en un ambiente que nos prohíbe entrar en el espíritu de Adviento.

María decide visitar a su prima Elizabeth, quien también está embarazada inesperadamente, para ayudarla a superar las dificultades de sus últimos tres meses de embarazo. El embarazo, especialmente para padres mayores como Elizabeth y Zacarías, puede traer sorpresa y presión, emoción y tensión, anticipación y temor. En la visita amorosa y conmovedora de María, el Niño Jesús en su vientre trae tanto la alegría como al Espíritu Santo a la casa de Elizabeth y Zacarías.

En esta historia, vemos un ejemplo sorprendente de lo que puede suceder cuando traemos al espíritu de Jesús a nuestras relaciones familiares. Podemos elegir llenar nuestros hogares con alegría y con un sentido de la presencia de Dios, pero no sin considerar expresiones de cariño y compasión. Mostramos a otros compasión y que nos preocupamos por ellos al prestar atención a sus necesidades, al escuchar atentamente sus problemas, cuando ofrecemos actos intencionales de bondad, o cuando nos disculpamos, o pedimos perdón por nuestras malas acciones en el pasado. Jesús quiere cambiar la atmósfera en nuestros hogares y en nuestras familias a través de nuestras palabras y acciones, pero, finalmente, esta tarea la debemos llevar a cabo nosotros mismos.

Práctica diaria

Piense en una forma práctica en la que pueda traer la presencia de Jesús a su hogar y a sus relaciones. A medida que lleva a la práctica su intención, pídale a Jesús que se exprese través de usted.

GRACIA

Leer Juan 1:14-18

De su plenitud recibimos todos, y gracia sobre gracia...
Juan 1:16

La gracia es uno de esos conceptos bíblicos familiares a los que a veces le quitamos su significado. No debemos dejar que esto suceda. El Adviento nos ofrece una oportunidad maravillosa no solo para pensar de nuevo sobre el significado que la gracia tiene para nuestro viaje de fe, sino también para recibir de nuevo su poder para nuestras vidas.

Como explica el escritor del Evangelio de Juan, en la venida de la Palabra, Dios derrama gracia adicional sobre el mundo. Ciertamente la gracia había llegado a través del don de la Ley a Moisés, pero Jesús ofrece algo más. Por lo tanto, cuando la Palabra se vuelve carne, «Gracia sobre gracia» se vuelve disponible. Nuevos recursos del amoroso poder de Dios están al alcance de todos. Esta experiencia más completa de la gracia nos permite experimentar la salvación de Dios de la forma en que aquellos que vivieron antes de Jesús simplemente no pudieron.

La gracia de nuestro Señor Jesucristo no sólo nos perdona. La calcomanía para los carros que dice: «Los cristianos no son perfectos, solo son perdonados», expresa un concepto erróneo. Claro, somos imperfectos, pero no somos simplemente perdonados. La gracia proporciona un poder espiritual que radicalmente cambia y transforma nuestras vidas. Nos permite lograr lo que no podemos hacer por nuestro propio esfuerzo, es decir, convertirnos en las personas transformadas que Dios quiere que seamos. Entonces, necesitamos toda la gracia que podamos obtener.

La gracia transformadora de Dios no entrará en nuestras vidas sin nuestro esfuerzo. Como solía decir a menudo el autor y amigo Dallas Willard, la gracia se opone a ser un merecimiento, pero no al esfuerzo para recibirla a través de nuestras prácticas espirituales. Esta es la razón por la que debemos participar en prácticas espirituales simples todos los días. Ellas son los medios prácticos por los cuales nos posicionamos ante Dios para que su gracia pueda fluir más profundamente en nuestras vidas y, gradualmente, convertirnos en las personas que Dios quiere que seamos.

Práctica diaria

¿Dónde encuentra mayor dificultad su caminar con Dios? Comparta su lucha con Dios, entréguese a la sabiduría de Dios y pida el don de la gracia de Dios.

RECIBIR

Leer Juan 1:10-13

Mas a todos los que lo recibieron, a quienes creen en su nombre, les dio potestad de ser hechos hijos de Dios.
Juan 1:12

¿Cuántas veces hemos escuchado las palabras de Jesús, «Más bienaventurado es dar que recibir» (Hechos 20:35)? Pero no podemos dar lo que no hemos recibido. Y, lamentablemente, a muchos se nos dificulta recibir, especialmente cuando se trata de dones de Dios para nosotros que celebramos durante la temporada de Adviento. En nuestra lucha, perdemos la mayor oportunidad de la temporada.

Durante el Adviento, celebramos a Jesús, el regalo indescriptible de Dios. Jesús viene al mundo como el camino hacia el propio corazón de Dios, la verdad de quién es Dios, la vida que Dios da. Dios ofrece este regalo para todas las personas a través de la fe. No necesitamos nacer de cierta raza, o en cierta tribu o cultura. No necesitamos mostrar ninguna credencial externa, marcas de rectitud o certificados de logros. Todos tenemos un lugar único en la familia divina de Dios. Todo lo que Dios nos pide a cambio es que recibamos a Jesucristo en nuestras vidas y creamos en su nombre.

Recibir a Jesús no es sólo un ejercicio mental, sino que requiere riesgo y acción. Cuando recibimos a Jesús, afirmamos que como hijos e hijas de Dios somos amados, aceptados y perdonados incondicionalmente. Entonces, encontramos un nuevo idioma: el lenguaje de auto entrega y sacrificio por amor. Como miembros de la familia de Dios descubrimos una historia familiar muy rica, que hace de nuestra propia historia, la historia del pueblo de Dios, que se extiende desde los tiempos bíblicos hasta el presente. Tenemos nuevos hábitos para adoptar: hábitos de adoración y oración, de compartir y servir, de dar y recibir. Vivimos en un nuevo reino, respiramos el ambiente del Espíritu que transforma nuestros corazones y nuestras mentes.

Tal recibimiento no es sólo para nosotros. Al recibir los regalos de la aceptación y el perdón incondicional de Dios, así como los dones de una nueva familia y un nuevo reino en el que el Espíritu está poderosamente presente y activo, somos capaces de entregarnos a otros de maneras más radicales. Nos movemos del egocentrismo hacia centrarnos en el otro, desde la codicia a la generosidad, de la hostilidad a la hospitalidad. Nos convertimos en agentes de la nueva creación de Dios y difundimos el espíritu de la Navidad a lo largo el mundo.

Práctica diaria

Siéntese en silencio con los puños cerrados. Luego, abra las manos lentamente como una expresión exterior de su intención de recibir a Jesús en este Adviento.

REGOCIJO

Leer Lucas 1:46-56

«Engrandece mi alma al Señor
y mi espíritu se regocija en Dios mi Salvador...»
Lucas 1:46-47

Nuestra lectura nos dice que tan pronto como el ángel Gabriel dejó a María, ella inició un viaje para ver a su prima Elizabeth. Cuando llega a la casa de Elizabeth, ella le ofrece una hermosa bendición y María responde con una canción de alabanza al Señor y de regocijo en Dios como su Salvador.

El Adviento nos invita a participar en un regocijo similar. Tenemos todas las razones para celebrar a Dios durante esta temporada del calendario cristiano. La Navidad nos recuerda que Dios entró en la historia humana para derrocar los poderes del mal. Esta victoria se ha logrado a través de la vida, la muerte y la resurrección de Jesús.

La Luz entró verdaderamente al mundo, y la oscuridad no pudo extinguirla. Nosotros también podemos cantar canciones de celebración y alegría que magnifican al Señor y nos regocijan en nuestro Salvador.

Algo sucede en nosotros cuando nos regocijamos en lo que Dios ha realizado. La bondad y la fidelidad de Dios aumentan en nuestro corazón y en nuestra mente. Una alegría nueva brota dentro de nosotros, llenándonos de felicidad. Experimentamos una sensación de bienestar, incluso si estamos pasando por momentos oscuros y difíciles. Nuestra fe se profundiza, nuestra esperanza se fortalece y nuestro amor por Dios y por las demás personas se expande. Nos sentimos motivados en nuestro caminar con Dios, y nuestro deseo de compartir la obra de Dios en el mundo se fortalece. En un momento el regocijo nos transforma radicalmente.

Cuando reflexionamos sobre los efectos transformadores del regocijo, podemos entender por qué Pablo exhorta a la iglesia primitiva con las siguientes palabras: «Regocijaos en el Señor siempre. Otra vez digo: ¡Regocijaos!» (Filipenses 4:4). ¡Vamos a regocijarnos con María, con Elizabeth, con Pablo, y con todo el grupo de creyentes!

Práctica diaria

Recuerde una forma en que Dios le ha salvado y le ha ofrecido una vida nueva. Dedique algún tiempo a regocijarse en este regalo de salvación, aplauda, baile, cante su himno favorito o dígale a Dios cuánto le agradece.

SEÑAL

Leer Lucas 2:8-12

«Esto os servirá de señal: hallaréis al niño envuelto en pañales, acostado en un pesebre».
Lucas 2:12

Justo después del nacimiento de Jesús, los pastores se encuentran con un ángel que les dice dónde encontrarán al Mesías: acostado en un pesebre. Ésta sería su señal. Tengan en cuenta que el pesebre en sí no es nada especial. Sirve simplemente como un aviso, que apunta hacia la identidad del bebé que se encuentra allí. Aun así, el pesebre nos ofrece dos lecciones de Adviento: una es una invitación y la otra es un desafío.

Primero, el pesebre nos ofrece una invitación para mostrar nuestra adoración al Niño Jesús. Como una señal, el pesebre señala más allá de sí mismo. Su principal tarea es recordarnos quién es el bebé y lo qué el viene a hacer. Jesús en el pesebre nos dice que es Dios que ha venido a nosotros en la carne. Su nacimiento significa el comienzo del enfrentamiento decisivo entre el reinado de Dios y el mal de este mundo. Hoy, al considerar la vida, la muerte y la resurrección de Jesús, el pesebre nos invita a adorar al Único nacido allí.

En segundo lugar, el pesebre nos desafía a convertirnos en señales. Así como el pesebre es un signo de la llegada del Niño Jesús, nuestras vidas necesitan apuntar hacia Aquel que lo envió. La gente puede observar el mundo y decir que no se ve evidencia de que el Mesías haya venido. El mundo está lleno de odio, violencia, esclavitud, pobreza y prejuicio. Pero tales atrocidades deben ser confrontadas por vidas redimidas. Aquellos de nosotros que clamamos que Jesús es nuestro Señor debemos demostrar a través de nuestras palabras, obras, adoración y trabajo que el mal en verdad ha sido conquistado.

Práctica diaria

Escuche una canción de Navidad, preste atención especialmente a los versos que repiten «vamos a adorarlo». Mientras escucha la canción, observe una cruz, un pesebre, una obra de arte que represente el nacimiento de Jesús o un ícono. Llénese de amor y adoración.

Cuarto domingo de Adviento

LOS PASTORES

Leer Lucas 2:8-20

Los pastores se volvieron glorificando y alabando a Dios por todas las cosas que habían oído y visto, como se les había dicho.
Lucas 2:20

Los pastores simbolizan a los forasteros de nuestros días. Cuando Jesús nació, Dios envió un ángel no a los líderes políticos o a las autoridades religiosas de la época, ni a los ricos e influyentes, sino a los pastores. Ellos son el turno de noche, los don nadie, los ritualmente impuros, lo que les impide participar del culto en el templo. Entonces, ¿qué nos dice la visita de los pastores acerca de la intención de Dios y del evangelio de Jesucristo?

Sin duda, la visita de los pastores subraya la preocupación apasionada de Dios por los marginados. Piense en las personas con quien Jesús pasa la mayor parte de su tiempo: la mujer acusada de adulterio; Zaqueo, el recaudador de impuestos; personas con lepra y otras enfermedades. Jesús quiere revelar el amor incondicional de su Padre a estas personas. Jesús incluso le dice los fariseos, que lo cuestionan por comer con los recaudadores de impuestos, « porque no he venido a llamar a justos, sino a pecadores…» (Mateo 9:13). La historia de la Navidad nos recuerda que la llegada de el Mesías es una buena noticia para quienes están fuera de los grupos privilegiados social y económicamente.

El ángel en el Evangelio de Lucas, acompañado por una multitud de anfitriones celestiales, hace el maravilloso trabajo de cantar una canción sobre las buenas noticias de Dios. Entonces, ¿cómo podemos nosotros cantar hoy esta canción? La mejor manera es explorar cómo hacer que el amor de Dios sea real para los desfavorecidos en el lugar donde vivimos. Necesitamos preguntarnos: ¿Quiénes son los marginados en nuestro medio hoy? ¿Quiénes son aquellos que se sienten excluidos, ignorados y menospreciados? Nuestras listas deben incluir a los ancianos, enfermos mentales, los pobres económicamente, los encarcelados y los refugiados. ¿Qué significa poner en práctica la preocupación de Dios por aquellos que sufren y sólo se encuentran con la indiferencia y el desprecio?

Además, ¿no es Jesús también un forastero? Jesús nos dice: «De cierto os digo que en cuanto lo hicisteis a uno de estos mis hermanos más pequeños, a mí lo hicisteis» (Mateo 25:40). Jesús rompe las barreras entre aquellos que son aceptados dentro de la iglesia y aquellos que se mantienen en el exterior. Elogia a los sumisos, a los solitarios y a los perseguidos, y se coloca en situaciones en las que se identifica con los marginados. El nacimiento de Jesús nos recuerda que Dios quiere mostrarse a las personas que son excluidas.

Práctica diaria

Haga una lista de las personas que usted considera que son excluidas. Piense en cómo puede expresar la compasión de Dios al menos a una de las personas en esta lista.

Nochebuena

EL PESEBRE DESORDENADO

Leer Lucas 2:1-7

Y dio a luz a su hijo primogénito, y lo envolvió en pañales
y lo acostó en un pesebre, porque
no había lugar para ellos en el mesón.
Lucas 2:7

¿Con qué frecuencia nuestras vidas que se ven limpias y ordenadas en el exterior, cuando se da un vistazo desde nuestro interior de la escena, revela una historia diferente? Cuando combinamos el enredo de nuestras propias luchas personales con los dolores y angustias de la sociedad, nos damos cuenta de lo desordenado que el mundo es realmente.

El Evangelio de Lucas nos dice que cuando Jesús entra al mundo, lo colocan en un pesebre porque no había habitaciones disponibles en la posada cercana. El nacimiento de Jesús nos recuerda que Dios no nos abandona en nuestros líos, sino que entra en ellos con nosotros. Jesús es Emanuel... «Dios con nosotros», en cualquier desastre por el que podamos estar pasando. Ya no necesitamos fingir que todo está bien. Nuestros conflictos están donde está Dios quien quiere estar con nosotros.

El caos ingresa a nuestras vidas de diferentes maneras. Puede venir de nuestras elecciones pecaminosas y sus devastadoras consecuencias. Nuestra libertad nos permite tomar nuestras propias decisiones con respecto a muchos asuntos, pero no nos permite elegir las consecuencias de esas acciones. Nuestros conflictos también provienen de las decisiones tomadas por otros. ¿Cuán a menudo nuestras vidas se colapsaron debido a las palabras irreflexivas o duras pronunciadas por un amigo o miembro de la familia? La confusión también llega a través del dolor abrumador y la tristeza provocada por la pérdida de un ser querido. A medida que envejecemos, estas pérdidas aumentan, haciéndonos sentir cada vez más solos.

Jesús quiere conocernos con nuestros problemas para poder transformarnos. Así como se reúne con Zaqueo en un árbol y con la mujer samaritana junto a un pozo, también quiere entrar en el caos y en la confusión de nuestras vidas para renovarlas y traer esperanza. Entonces, ¿cómo puede Jesús encontrarse con nosotros y nuestros conflictos? Debemos compartir nuestros problemas con Jesús, pedirle humildemente que se reúna con nosotros mientras aprendemos a vivir como sus amigos y discípulos. Mientras iniciamos este viaje junto a Jesús, su Espíritu trabaja en nosotros.

Como seguidores de Jesús, también tenemos el desafío de conocer a otros con sus problemas. Podemos acercamos a ellos con amor cuando Jesús nos alcanza. No llevamos palabras de condenación o juicio; no tratamos de «arreglar» a nadie. En cambio, ofrecemos nuestra presencia como una fuente de aliento y apoyo. Escuchamos atentamente a sus historias de malas elecciones, angustia y dolor. Pensamos cuidadosamente sobre cómo podemos responder de una manera que ofrece vida y esperanza. Y permitimos que nuestras palabras y acciones apunten al Único que es más grande que sus desaciertos: un Dios que los ama y que por ellos nunca se dará por vencido.

La víspera de Navidad nos ofrece la oportunidad de abrir conscientemente nuestras vidas desordenadas a Jesús y reconocer nuestro desorden ante los demás. Nuestro caos se convierte en nuestro mensaje al explicar cómo Jesús vino a nosotros en nuestra necesidad desesperada y cuando nos conectamos amorosamente con quienes nos rodean.

Práctica diaria

Cuando saque la basura, recuerde la buena noticia de que nuestro caos es el lugar donde Dios quiere encontrarse con nosotros. De gracias a Dios en voz alta por el don de la gracia.

¡EL MESÍAS HA LLEGADO!

Leer Lucas 2:8-20

Pero el ángel les dijo:
—No temáis, porque yo os doy nuevas de gran gozo,
que será para todo el pueblo: que os ha nacido hoy,
en la ciudad de David, un Salvador, que es Cristo el Señor.
Lucas 2:10-11

Hoy celebramos la maravillosa noticia del nacimiento de Jesús. ¡El Mesías ha llegado! Sin embargo, resulta ser un salvador radicalmente diferente de la persona que muchos esperaban. La gente esperaba un gran rey guerrero que reconstruiría el templo, liberaría a Israel de sus opresores romanos, y organizaría un nuevo reino judío. En cambio, Jesús hace el reino de Dios disponible para todas las naciones, acompaña a los que no les permiten ingresar al templo y a los marginados, ama a sus enemigos y enfrenta la ejecución en una cruz. Su muerte podría haber indicado que él no era el Mesías, pero afortunadamente ese no fue el final de la historia de Jesús.

La vida de Jesús comienza en un pesebre, pero no termina en la cruz. Un Mesías que es asesinado y que permanece muerto nunca podría proclamarse como el Ungido de Dios. El tercer día después de la muerte de Jesús, Dios levanta a Jesús de la tumba, reivindicando las afirmaciones mesiánicas de su ministerio anterior. Hoy, su resurrección y su asunción llenan el universo y continúan disponibles para cada ser humano. El día de Navidad no nos invita solamente a recordar el nacimiento de Jesús, también nos invita a reconsiderar lo que su vida, muerte y resurrección significan para nosotros.

El nacimiento de Jesús nos recuerda que no somos el Mesías. Una brisa de una gran libertad sopla en nuestras vidas cuando lo reconocemos. Podemos dejar de «jugar a ser Dios», dejar de intentar arreglarnos, y poner fin a nuestros inútiles intentos de cambiar a los que nos rodean. También podemos dejar ir nuestras expectativas de que los líderes terrenales nos traerán salvación. Ciertamente pueden hacer cambios en nuestra sociedad, para bien o para mal, pero la política por sí sola no puede dar lugar a un mundo que satisfaga plenamente los anhelos eternos del corazón humano por la paz, la alegría y la libertad.

Esto no significa que deberíamos sentarnos, cantar villancicos de Navidad y no hacer nada. Porque el Mesías ha venido, estamos invitados a confiar en él. A través de su vida, muerte y resurrección, Jesús conquista decisivamente los poderes del pecado y la muerte. Solo su Espíritu puede cambiar el corazón humano y mostrarnos la manera de crear una vida plena y floreciente. Sus valores de auto sacrificio, amor al prójimo y la hospitalidad generosa, son esenciales para nuestra supervivencia en este planeta. Su comunidad de seguidores es una comunidad con defectos, y equivocaciones que está aprendiendo a amar a Dios y al prójimo, a vencer el mal con el bien y a cuidar nuestro mundo. Vemos como esta comunidad trabaja a nuestro alrededor, por lo general en forma oculta y de maneras no anunciadas, y estamos invitados a formar parte de ella.

Entonces, ¿cómo nos unimos a esta comunidad? Simplemente cuando respondemos a la invitación del evangelio de Jesús «Sígueme». El discipulado no es principalmente sobre cómo hacer que nuestra doctrina sea correcta, sobre las decisiones que tomamos, o acerca de tener un tiempo de silencio regular.

Más bien, se trata de estar en compañía de Jesús todos los días, conocerlo, escucharlo, aprender a encarnar sus valores y estar presente para aquellos a los que Jesús también busca acompañar.

Lo más importante es estar en compañía de Jesús, lo que significa compartir en una comunidad local de fe. Estar con Jesús siempre significa estar en comunidad con los demás. Nos unimos con otras personas para adorar, para partir el pan, para animarnos unos a otros en el discipulado, para aprender de los demás y para enseñar, para orar, servir y explorar formas de hacer que el amor de Dios sea real en el mundo a nuestro alrededor. Con suerte, nuestra vida en comunidad ayudará a otros a decir, «¡Realmente el Mesías ha venido!»

Práctica diaria

Comprométase a unirse a una comunidad de fe local para adorar ya sea el día de Navidad o el domingo siguiente.

JUAN EL BAUTISTA

Leer Mateo 3:1-12

Yo a la verdad os bautizo en agua para arrepentimiento, pero el que viene tras mí, cuyo calzado yo no soy digno de llevar, es más poderoso que yo. Él os bautizará en Espíritu Santo y fuego.
Mateo 3:11

Aunque nuestras primeras impresiones de Juan el Bautista son un poco aterradoras, yo lo veo como alguien misterioso. Vestido con pelo de camello, con un cinturón de cuero alrededor de su cintura, Juan el Bautista come langostas y miel silvestre. Vaga por los desiertos solitarios y predica un mensaje radical acerca de poner un hacha en la raíz del árbol; incluso llama a su audiencia cría de serpientes. Sumerge a la gente en el río Jordán como una señal de su arrepentimiento. Pero detrás de su atuendo modesto, su dieta rigurosa, su presencia ruda y su mensaje radical, vemos su humildad, que lo convierte en el profeta elegido divinamente a través del cual se revela el Mesías.

¿Cómo practicamos este tipo de humildad para que la presencia de Jesús pueda brillar a través de nuestras vidas? Tan pronto como sentimos que progresamos en el camino hacia la humildad, nos auto justificamos y nos volvemos orgullosos y orgullosas. Empezamos a pensar que quienes nos rodean no son tan humildes como deberían ser. Nos comparamos a otros y creemos que somos más humildes que los demás. Antes de darnos cuenta, nos encontramos en un lugar muy alejado del que nos propusimos estar. Entonces, ¿qué podemos aprender de Juan el Bautista sobre la humildad genuina?

Primero, Juan el Bautista habla sin temor y sin pretensiones sobre el que vendrá después de él. Posee un claro sentido de su papel secundario en la historia de la salvación de Dios. Sabe que tiene una voz, pero que él no es la Palabra. Nos presenta sus acciones con un desafío. Nosotros aprendemos desde temprana edad a colocarnos en situaciones determinadas para obtener lo que queremos. Manipulamos la verdad acerca de nosotros para parecer más importantes de lo que realmente somos. Damos la impresión de que somos esenciales en ciertas situaciones, incluso cuando no lo somos. Nos colocamos en el camino de la humildad genuina cuando renunciamos a estos intentos de fingir y mostramos nuestro verdadero yo.

En segundo lugar, Juan el Bautista busca servir a quienes lo rodean. Lo hace a través del mensaje que predica y los bautismos que realiza. La humildad crece en nuestras vidas mientras nos disciplinamos para servir a los demás en silencio y sin alardear. Oportunidades para actuar con humildad se presentan todos los días. En un día lluvioso podemos ofrecer llevar en nuestro carro a un colega que generalmente camina. Podemos interesarnos en alguien cuya reputación difiere de nuestros principios. Podemos sacar la basura sin que nos lo pidan. Pequeños actos de servicio como estos acompañan nuestro camino en la formación de hábitos para que dejemos de actuar con auto suficiencia y orgullo.

En tercer lugar, y lo más importante, Juan el Bautista constantemente señala hacia el Mesías a las otras personas y señala lejos de sí mismo. Le dice a sus seguidores que él solo puede bautizar con agua; Jesús bautizará con el Espíritu Santo y fuego. Juan no busca ser el centro de atención. Voluntariamente se pone en segundo lugar para que Jesús pueda ser primero. Esto no siempre es fácil para nosotros. Queremos ser conocidos, ser reconocidos y sentirnos importantes. Cuando nos volvemos el centro de atención, ya sea en nuestras propias vidas o en las vidas de los demás, la luz de Jesús se oscurece, y nuestras vidas no revelan a Jesús a los que nos rodean.

La Epifanía nos invita a conocer a Juan el Bautista. A medida que le permitimos que nos guíe en el camino hacia la humildad genuina, la luz de Jesús comenzará a brillar más intensamente a través de nosotros y en el mundo.

Práctica diaria

Experimente con la receta de humildad de Juan el Bautista. Por veinticuatro horas, busque la autenticidad, evite presumir y ser el centro de atención. Al final del experimento, reflexione sobre sus experiencias y pida la guía de Dios.

CPSIA information can be obtained
at www.ICGtesting.com
Printed in the USA
BVHW040539050221
599125BV00005B/12

9 780835 818704